LES INCONVÉNIENS

D'UNE

FAUTE D'IMPRESSION.

« Puisse-t-il (le typographe détestable !) tomber de l'abomination dans la désolation, et de la désolation des désolations dans l'éternelle damnation !… »

Mais cette formule d'imprécation, qui pouvait suffire au docteur Sloop, dans sa colère contre Obadiah, serait trop vulgaire pour l'indignation d'un auteur offensé dans ce qu'il a de plus sensible ! J'aime mieux en emprunter une autre à Belzébut lui-même, quoique celle-ci ne soit pas consacrée par le rituel.

Tout le monde sait que les innocentes victimes de l'indigne prêtre Gaufridy, brûlé comme Urbain Grandier, quelque soixante ans avant Urbain Grandier, et coupable comme lui, furent exorcisées par le révérend père Sébastien Michaëlis, inquisiteur pour la foi dans le pays de Provence; tout le monde sait qu'en cette occasion solennelle, Belzébut, ou Béelzébub qui vaut mieux, quoi qu'en disent les jésuites de Trévoux, fut vaincu à outrance par le bon dominicain, et réduit à évacuer honteusement son dernier fort retranché, lequel était une certaine Verrine, la plus jolie brune du diocèse. Ce que tout le monde ne sait pas, et qui peut tout savoir? c'est que la force de l'exorcisme contraignit Béelzébub à confesser en partant le principal secret de son empire, et à l'exécrer lui-même. C'est à cette dernière impréca-

tion que je m'en tiens, comme je le disais, avant d'entrer dans cette longue parenthèse.

« Maudit soit celuy qui premier commença d'escrire! Maudit soit l'imprimeur qui premier l'imprima! Maudits soient les docteurs qui examinèrent le contenu du premier livre imprimé! Maudits ceux qui le mirent en œuvre! Maudit qui inventa l'art détestable d'imprimer! Maudit le pape qui l'approuva! Maudits les cardinaux, archevesques et évesques qui l'assistèrent, parce que depuis le monde commencé jusques au iour du iugement, iamais n'est arrivé ni n'arrivera chose plus abominable! »

Ceci se lit dans l'*Histoire admirable de la possession et de la conversion d'une pénitente*, imprimée à Paris, 1614, in-8°, page 81, et ce sont les propres paroles de Béelzébub qui ne montra jamais plus de bon sens et plus d'esprit. Je pose en fait que le révérend père Sébastien Michaëlis était incapable de les inventer.

De tels préliminaires semblent annoncer un acte d'accusation complet contre l'imprimerie, et je me réserve bien de le dresser un jour, si j'en ai le temps. Je ne parlerai aujourd'hui que de la plus innocente de ses peccadilles, *la faute d'impression*, cette élucubration n'ayant point d'autre fin que de prouver, par des exemples, combien la funeste industrie dont les moindres erreurs ont de pareilles conséquences, est digne de l'animadversion des hommes. Je m'en tiendrai même à la faute d'impression pure et simple, qui prouve seulement dans le compositeur barbare une profonde ignorance de la valeur des noms et des mots, et qui mérite à la vérité plus de pitié que d'horreur. *La faute d'impression intelligente*, dont Dieu veuille vous préserver, est celle du compositeur narquois qui raffine à dessein sur le texte de sa copie, et qui prête malignement à son auteur les graces mystérieuses du non-sens et l'audace romantique du barbarisme. Vous avez tous connu cette fameuse Mme Saqui, citoyenne énergique et fière qui, pendant quinze ans, avait sauté pour la branche aînée sur la corde périlleuse des *acrobates*, mais en faisant des vœux secrets pour la chute de la monarchie dont l'équilibre constitutionnel l'empêchait souvent de dormir. La monarchie tomba en essayant un tour de force, et son heureuse rivale s'associa sans balancer aux triomphes du peuple (je prie l'imprimeur de ne pas mettre, *sans balancier*). Elle dédia sa première affiche *aux journées mémorables de juillet*. L'intention était bonne, sans doute, et Mme Saqui doit en être louée mais elle avait malheureusement affaire à un compositeur d'imprimerie plus zélé qu'elle-même, et aussi habile qu'homme qui vive à forger un néologisme. Il trouva *mémorable* trop mesquin pour le sujet, et avisa, dans sa prudente cervelle, de le pousser au superlatif par quelque paragogisme ingénieux, si bien qu'on lut le lendemain, à la porte du théâtre, en lettres cyclopéennes ou atlantiques, cette belle inscription : AUX JOURNÉES IMMÉMORABLES, etc., épithète saugrenue qui leur restera peut-être. Voilà ce que j'appelle une *faute d'impression intelligente.*

Je reviens maintenant à l'autre. Il n'est personne, parmi les innombrables faiseurs de riens, qui parcourent à leurs risques et périls la scabreuse carrière des lettres, dont la réputation et la fortune n'aient failli trébucher cent fois contre une faute d'impression. A quel homme d'esprit, grand Dieu, l'imprimerie n'a-t-elle pas prêté une bêtise? Je n'en veux pour témoin que ma dernière brochure philosophique, publiée à Pont-Saint-Maxence.

J'avais jugé à propos de rappeler à mon lecteur (je mets toujours *lecteur* au singulier pour être plus sûr de mon fait), j'avais trouvé convenable, dis-je, de lui remettre en mémoire que Virgile et Horace étaient, de leur temps, bien accueillis de Mécène ; et j'aurais, en vérité, aussi bien fait de m'en taire, car cette particularité d'histoire littéraire n'offre pas, à beaucoup près, le mérite de la nouveauté; mais, enfin, cela était écrit, *quod scriptum, scriptum*, et il fallait que cela fût imprimé. Savez-vous ce que fit mon Elzevir? Le traître lut *Horace*, car j'écris fort lisiblement, mais il imprima *Homère.* Voyez-vous d'ici Mecenas, le *presidium* et le *dulce decus* d'Homère, ce qu'Homère ressuscité aurait tout au plus dit, en grec, de Pisistrate ou d'Alexandre! Cependant, je suis de bonne composition, de meilleure composition, grace au ciel, que les feuilles de mon typographe, et je cherchai un motif de consolation jusque dans l'énormité de sa balourdise. « Passe encore pour Homère! m'écriai-je, on ne s'y méprendra pas; mais si le bourreau s'était pris à Stace ou à Lucain, comment me serais-je lavé d'un anachronisme d'un demi-siècle, dans ce temps de belle érudition et de graves études historiques, où Pradon serait inexcusable d'ignorer la chronologie? »

Je commençais donc à me rassurer, sur la foi de mon impeccabilité, et il n'y a pas un grimaud des petites écoles qui n'eût fait comme moi, quand un journal doucereux, qui va, furetant par circonstance dans les chiffons de la littérature infime, ramena ma triste brochure au bout de son crochet, y promena la lanterne délatrice, et parvint à y épeler la faute fatale. Elle ne lui échappa point, car on peut poser en fait qu'elle n'échapperait à personne. A cet aspect, un zèle tout

nouveau pour les belles études, enflamma subitement le critique
patriote, et il se hâta de soumettre à qui de droit l'importante question de savoir si les intérêts d'une partie notable de l'enseignement
pouvaient être confiés sans danger au malencontreux écrivain qui
prend Homère pour un poète latin du siècle d'Auguste. Sa dénoncia-
tion héroïque éveilla la pâle envie qui ne dort jamais qu'à demi.
L'université en frissonna dans ses fourrures, et maintenant, *sub
judice lis est.* J'attends ma destitution d'un jour à l'autre.

N'est-ce pas une destinée bien fâcheuse pour un homme qui a pâli
quarante ans sur les difficultés les plus ardues de l'histoire littéraire,
que de se voir mis à la porte des colléges pour s'être mépris sur la
langue que parlait Homère? C'est cependant le produit net d'une
faute d'impression.

Je n'y perdrai toutefois que les avantages très bornés d'une doc-
trine de peu de valeur, dont j'aurais fait bon marché d'avance à la
postérité. Il faillit en coûter davantage à Rabelais; et nous avons
peine à comprendre, aujourd'hui, la délicatesse des casuistes qui,
parmi tant d'impiétés, allèrent se prendre à celle-ci. C'est dans les
plaisans chapitres où Panurge s'indigne avec tant de verve contre le
poète Raminagrobis : « Son ame, dit-il, s'en va à trente mille pane-
rées de diables.... Au moins, s'il perd le corps et la vie, qu'il ne
damne son ame. » L'imprimeur écrivit *son asne*; pure ânerie typographique, qui passa pour un sacrilége en Sorbonne. La censure
ecclésiastique, trop indulgente jusqu'alors pour les bouffonneries
libertines de l'épopée pantagruélique, ne crut pas devoir tolérer une
équivoque indécente en matière si sérieuse. Elle jeta feu et flammes,
et, en ce temps-là, cette expression figurée se traduisait par le sens
propre. Les bûchers allaient s'allumer, quand le bon roi François Ier
conçut l'heureuse idée d'appeler la cause devant lui, en sa qualité de
grand justicier du royaume, et de se faire lire les pièces du procès
« par un docte et fidèle anagnoste », messire Pierre Chastelain, évê-
que d'Orléans, homme consommé aux bonnes études, et notamment
aux arcanes exquis du pantagruélisme. François Ier n'était vraiment
pas dégoûté; il s'amusa comme un roi, et renvoya l'accusation au
terme que Panurge assignait à ses créanciers, c'est-à-dire aux ca-
lendes grecques. Bien en prit à Rabelais et à nous-mêmes, car, sans
cet équitable appointement, nous n'aurions ni Dindenaut et ses mou-
tons, ni Grippeminaud et ses chats fourrés, ni Papefiguière et ses
diableteaux; et je vous demande, en conscience, mes amis, si nous
pourrions nous en passer?

L'incroyable maladresse d'un typographe étourdi faillit être plus fatale encore au gracieux poète Jean Bonefons. Tout son crime était cependant d'avoir apostrophé, en termes trop véhémens, une de ses propres dents qui avait offensé le beau sein de sa Pancharis :

> *O Dens improbe, dire, ter sceleste,*
> *Dens sacerrime, Dens inauspicate;*
> *Tun' tantum scelus ausus, ut papillas*
> *Illas Pancharidis meæ papillas,*
> *Quas Venus veneratur et Cupido,*
> *Feris morsibus ipse vulnerares?*

Ce passage, un peu vif, à la vérité, n'a rien toutefois qui sente l'hérésie; et si quelqu'un avait droit d'y mordre, ce n'était certainement pas la Sorbonne. Cependant l'honnête M. Jean Vogt, érudit fort distingué du XVIIIe siècle, n'hésite pas à dire, en le citant : *Blaspheme, et plus quam blaspheme, hæc dicta sunt.* Je vous laisse à juger de l'effet qu'il dut produire deux siècles auparavant; et si le sens impie qu'il présente à la pensée ne vous a pas frappé encore, je vous expliquerai l'énigme en deux mots. L'imprimeur, que le ciel confonde, avait lu *Deus* où Bonefons avait mis *Dens*, et c'était le nom sacré du Seigneur qui se trouvait accolé à ces abominables épithètes : *inauspicatus, sacerrimus, ter scelestus, dirus, improbus,* auxquelles on peut déjà trouver, dans leur application à une dent amoureuse, tout le luxe de l'hyperbole. Bonefons s'était enfui à la première nouvelle du scandale qu'excitait son crime involontaire; il avait délaissé son siége de lieutenant-général du bailliage de Bar-sur-Seine, car l'élégant rival de Catulle sacrifiait à Thémis comme aux Graces. Nos gens de robe sont moins aimables. Heureusement pour lui, son manuscrit n'était pas perdu. Il fut soumis, par les soins du président Achille de Harlay, à la faculté de théologie, qui le lut, sans doute, *cum summâ voluptate,* et le censeur pour la foi daigna écrire sur la dernière page ce judicieux *erratum* :

> *Deus,* leg. *Dens: idque rectissime juxta contextum.*

Si le feuillet incriminé ne se fût pas retrouvé dans ce chaos de papier, monstrueux *caput mortuum* des imprimeries, le lieutenant-général du bailliage de Bar-sur-Seine était brûlé en Grève.

Le pauvre abbé Martini, doyen d'Asello en Calabre, joua moins gros jeu que Bonefons à la loterie des erreurs typographiques, mais il y perdit davantage. C'était, en son temps, un poète qui savait l'orthographe et la ponctuation, genre d'érudition que la plupart des poètes modernes ont jugé surabondant ; mais il faut avouer que cette science lui avait nui en quelque chose, et que le bon homme qui avait foi dans le point et dans la virgule, leur confia trop aveuglément la destinée de sa poésie et de sa logique. Une virgule causa sa ruine. Parmi ses vers léonins, imprimés je ne sais où, se trouvait celui-ci qu'il avait composé pour servir d'inscription à la porte de son abbatiale :

> *Porta patens esto, nulli claudatur honesto.*

Ce vers n'est pas fort remarquable sous le rapport de l'invention et du style ; mais on conviendra du moins qu'il serait irréprochable sous le rapport de la morale, si la morale la plus pure était à l'abri d'une faute d'impression. Le compositeur et le prote en décidèrent autrement, et il ne leur fallut pour cela qu'un des *sbagli* les plus communs de leur industrie infernale, le déplacement de cette virgule vertueuse et hospitalière qui était, en son lieu, un titre incontestable au prix Monthyon ; de sorte que la pieuse inscription de l'abbaye d'Asello, fut changée, sans y modifier d'ailleurs un seul mot, en cette boutade impertinente et grossière :

> *Porta patens esto nulli, claudatur honesto.*

Le sens était complet et horrible ; la virgule le voulait ainsi, virgule scélérate que l'abbé Martini ne put effacer avec ses larmes. Que dirai-je, hélas ! le pape qui était alors de loisir, tomba par malheur sur le monostique fatal, et, indigné contre l'égoïsme cynique du poète, il le dépouilla de son abbaye d'Asello. Martini se consolait de tout avec des monostiques. Il improvisa celui-ci qui est plus célèbre que l'autre :

> *Pro solo puncto, caruit Martinus Asello.*

C'est ce que nous avons fort élégamment traduit en français par ce proverbe qui enrichit depuis tous les trésors de la sagesse des nations : *Faute d'un point, Martin perdit son âne ; Asellus* et *Asello* ayant la même signification qu'*âne* ou *ânon* dans leurs langues respectives.

De notre temps, on ne compte plus les fautes d'impression dans les livres. Un honnête libraire déclarait dernièrement à la barre d'un grave tribunal, qu'il ne savait pas lire ; j'y attends un compositeur à la presse qui avoue qu'il ne sait pas signer. Quelques-uns de ces non-sens typographiques dont les ouvrages modernes sont remplis, décèlent le mécanisme aveugle d'une main illitérée. On ne serait pas étonné de voir éclore des phrases pareilles du simple caprice d'une combinaison fortuite. C'est de la littérature aléatoire. Quand on reproche aux imprimeurs une de ces effroyables bévues, ils ne manquent pas de s'en prendre aux auteurs eux-mêmes, et d'accuser la mode qui le veut ainsi. C'est étrange, mais il ne faut jurer de rien.

La plus innocente des erreurs de composition, c'est ce qu'on appelle la *coquille*, c'est-à-dire le faux emploi de certaines lettres qu'une *distribution* étourdie a mal placées dans le cassetin, et dont un prote, plus étourdi encore que le *distributeur*, n'a pas reconnu l'usurpation. Cette complication de maladresse a quelquefois des conséquences incalculables; heureux et mille fois heureux quand elle ne dénature pas complètement l'idée en substituant un sens apparent au sens de l'écrivain. *Ame* pour *âne*, *Deus* pour *Dens*, pourraient n'être que des *coquilles* involontaires; il ne faudrait pour cela qu'un *m* ou un *u* égaré dans le cassetin de l'*n*. Voltaire mit sur la scène sous le nom de *Frélon*, un journaliste de son temps qui s'appelait *Fréron*. C'est une *coquille* intelligente.

Qui se souvient aujourd'hui de mon ancien ami Joseph Despaze, poète toulousain? C'était cependant le Juvénal du directoire. *Sic transit gloria mundi*. Joseph Despaze était un jeune homme de talent, le compatriote et l'émule de Lormian, son maître et le nôtre; il eut le malheur de critiquer dans ses *Cinq Satires* des écrivains et des artistes d'un mérite supérieur; il eut le malheur de louer dans ses *Cinq Hommes* des méchans et des sots, et ses *satires*, d'abord bien accueillies des lecteurs, furent tuées par ses panégyriques. Je citerai quelques vers de la *Satire des Arts*, non parce qu'ils sont les meilleurs, il s'en faut de beaucoup, mais parce qu'ils se rapportent à mon sujet. Le poète parle du salon de peinture :

> Eu effet, j'oubliais qu'un ordre d'Apollon
> Vient d'ouvrir au public les portes du salon.
> M'y voilà. Dieu des arts! Quel horrible mélange!
> Quoi! l'on vénère ici l'ombre de Michel-Ange!
> Et l'on y laisse entrer Laurent, Le Doux, Mirvaut,
> Petit, Lucas, Gensoul, Colas, Dubos, Ravault,
> Absurdes écoliers, sans goût, sans élégance,
> Débiles en talens, mais forts en arrogance,
> Qui, pressés, entassés dans le même chemin,
> Se disputent la palme, une croûte à la main!

Il faut savoir, pour l'éclaircissement de cette historiette, que Paris possédait alors deux peintres presque homonymes, le bon Dabos, peintre renommé de *trompe-l'œil* qui faisaient l'ornement des salles à manger, et le brillant Dubos, petit-maître français perfectionné à l'école des *fashions* anglaises, célèbre en ce temps-là par le bon goût de sa toilette, par la beauté de ses chevaux, par sa petite maison des Champs-Elysées, par ses bonnes fortunes et par ses duels. Dubos était absorbé tout entier par la peinture *équestre*, et les excellentes manières dont il faisait profession ne lui auraient pas permis d'exposer au salon le portrait de ses maîtresses. Il n'y avait exposé que le portrait de ses jumens, qui réunissait les suffrages de tous les amateurs de l'équitation. Despaze ne pensa pas à lui. Je suis caution qu'il écrivit *Dabos*, mais un démon ennemi avait fait tomber un u dans le cassetin de l'A, et tout Paris fut dupe de cette *coquille* fatale dont il était trop facile de prévoir les résultats, car Dubos n'était pas homme à perdre l'occasion d'une rencontre meurtrière, et Despaze était Gascon. Le poète a raconté le dénouement de cette affaire dans la *Satire à Sicard* :

> . . . . Dubos voulut punir l'audace,
> D'un u qui, dans mes vers, d'un a surprit la place,
> Et, pour ce grand forfait, atteint d'un plomb brûlant,
> Sur un lit de douleur je fus jeté sanglant.

On voit par là que l'imprimerie vend quelquefois bien cher ses *coquilles.*

Ce qu'il y a de prodigieux dans cette erreur typographique, c'est qu'elle s'est perpétuée dans toutes les éditions postérieures, nonobstant les réclamations de l'auteur, deux ou trois fois répétées dans les *notes.* Il semble qu'un *erratum* contresigné par une balle de pistolet devait tenir avertie l'attention du compositeur ; mais on peut dire de la plupart de ces gens-là ce que disait de son secrétaire un habile diplomate : « L'homme dont je me sers est si bête qu'il ne comprend pas même ce que je lui dicte maintenant. »

Il n'en était probablement pas ainsi du temps où Lascaris, Erasme, Badius, Turnèbe, Henri Estienne, Casaubon, daignaient donner leurs soins à la correction d'un texte, comme de simples ouvriers ; cependant, dès le premier âge de l'imprimerie, elle a porté dans son sein, comme la boîte de Pandore, le germe de tous les vices honteux qui devaient en faire un fléau pour le genre humain, et la faute typographique n'y manquait pas. Croirait-on qu'il y a jusqu'à trois volumes connus qui démentent, par l'antériorité de leur date, les notions établies sur l'époque de son invention? Ces dates anticipées sont des fautes d'impression, sans doute; mais les livres empreints, par la fourberie ou par la sottise, de ce faux matériel, subsistent encore; mais je me flatte, dans ma colère, qu'ils survivront peut-être à toutes nos fastidieuses recherches *De Originibus et incunabulis typographiæ*; mais j'espère qu'ils iront convaincre de mensonge, devant la postérité, les apothéoses et les monumens de Guttemberg, et qu'il ne restera pas même à sa mémoire la hideuse célébrité d'Erostrate. *Deus omen non avertat.*

Je n'ai pas besoin de dire que cette dissertation, écrite *ab irato*, pouvait devenir un ouvrage énorme; il ne fallait que feuilleter quelques volumes pour la grossir indéfiniment, et j'y serais facilement parvenu si j'avais tiré à la page, comme cela se pratique dans la littérature marchande. Tout réfléchi pourtant, j'imagine qu'elle doit paraître assez longue pour un *errata*.

CH. NODIER.

BULLETIN.

Il paraît certain que le jour est fixé pour l'ordonnance de dissolution et pour les élections générales. Le *Journal des Débats*, qui s'était trompé il y a quelques jours, annonce que la dissolution de la chambre sera proclamée le 4 octobre, et que les colléges doivent être convoqués pour le 4 novembre. Il faut l'en croire cette fois, à moins qu'il ne lui arrive encore un *erratum* par l'intermédiaire d'une des feuilles quotidiennes, ses rivales de faveur auprès du ministère; car il n'est plus, comme autrefois, toujours le mieux informé, ce qui devrait l'étonner beaucoup, s'il s'étonnait aujourd'hui de quelque chose.

Au point où en sont les affaires, le ministère du 15 avril, si les rapports de ses préfets ont été fidèles, doit savoir à peu près ce qu'il aura d'amis et d'ennemis dans la nouvelle législature. Jamais, à aucune époque, le gouvernement n'aura été en mesure d'exercer sur les élections une influence plus étendue et en même temps plus incontestée. La désorganisation de tous les partis est si profonde, que bien peu de comités électoraux ont pu se constituer, en dehors du pouvoir, sur des bases solides; il n'y a guère que les comités légitimistes, et ils ne s'entendent pas entre eux, ni avec les groupes d'électeurs qu'ils ont la prétention d'enrôler et de retenir sous une commune bannière. Dans un pareil état de choses, le ministère n'a pas besoin d'un grand héroïsme de probité politique pour s'interdire les manœuvres et les brigues électorales qui répugneraient, nous le savons, à la délicatesse personnelle de M. de Montalivet; tant de candidats, qu'il pouvait croire ennemis ou équivoques, viennent eux-mêmes le prier d'user en leur faveur de la légitime influence qui sera toujours dévolue naturellement à un ministère dans ces crises ordinaires du gouvernement représentatif! Si nous répétions les noms qui nous ont été cités, on verrait avec surprise quelles adhésions inespérées le ministère de l'amnistie a amenées ou rendues au pouvoir de juillet. Il est bien peu d'hommes assez puissans par eux-mêmes, ou assez hostiles décidément, pour n'être pas venus réclamer son appui ou au moins sa neutralité. On peut bien dire qu'il sera responsable de la chambre qu'il aura. Il ne nous est pas aussi facile de pressentir ce que sera cette chambre. Nous en sommes réduits, nous l'avouons, à des conjectures qui ne sont pas de nous.

Le cabinet du 15 avril, dit-on, espère trouver dans la chambre une centaine d'hommes tout-à-fait nouveaux, et, parmi eux, peut-être soixante-dix députés composant pour lui un noyau de majorité et une force qui lui appartiendra en propre. Autour de ce centre, qui ne sera ni celui de gauche, ni celui de droite, que nous connaissons aujourd'hui, mais un point de ralliement pour tous deux, il compte rassembler un grand nombre de membres de l'ancienne majorité qui lui devront en partie l'avantage d'une réélection, facile à combattre et non combattue par le pouvoir. Nous souhaitons que la chance tourne selon le vœu du ministère, et nous avons dit qu'il pouvait beaucoup lui-même pour réaliser ce qu'il saura vouloir avec force. L'avénement du 15 avril a délivré la France des périls d'une vive opposition où déjà elle s'engageait contre son gouvernement, dont elle se méfiait; la confiance est revenue avec le 15 avril; s'il expirait bientôt, nul ne sait ce que deviendrait la réconciliation commencée entre des partis qui étaient prêts naguère à s'attaquer avec la fureur d'une autre époque. Dans les circonstances actuelles, et pour long-temps encore, il est à nos yeux le ministère nécessaire.

Mais s'il tombait, ce qu'à Dieu ne plaise! nous ne voulons pas qu'il tombe du côté où les doctrinaires l'attirent; ce serait périr tristement dans une embuscade, qui a bien été assez signalée, et y laisser presque tous ses titres de gloire. Si nous avons bonne mémoire, les doctrinaires ont souvent répété, en d'autres temps, cette grande vérité : « On tombe du côté où l'on penche.» Précisément pour cette raison, et non pour satisfaire de pauvres rancunes personnelles, nous verrons avec plaisir tous les actes qui montreront le ministère inclinant plutôt d'un autre côté.

Voici, au reste, à ce qu'il semble, les exclusions qui frapperont l'église doctrinaire. Ceux que l'on nous a nommés ont bien mérité du ministère, à divers titres, ce témoignage de sa reconnaissance; l'un par son persiflage de tous les instans, qui, à vrai dire, n'épargne quelquefois pas même des amis; l'autre par son activité malveillante dans les bureaux de la chambre et de l'administration; celui-ci par sa violence; celui-là par ses motions loyales, mais vraiment trop fréquentes et impitoyables, contre quiconque n'a pas le bon goût d'être doctrinaire. M. de Rémusat, M. Renouard, M. Augustin Giraud, M. Piscatory, M. Ardaillon, paraissent irrévocablement inscrits sur la liste de proscription que le ministère présente aux électeurs. Nous ne connaissions, il y a huit jours, que M. Augustin Giraud; espérons que la liste s'alongera encore de quelques autres noms. On cite M. Anisson-Duperron, qui pourrait bien manquer cette fois à sa pacifique motion annuelle sur le défrichement des bois; M. Guizard, dont le diplôme de doctrinaire date de la *Revue française*, et a été maintes fois confirmé depuis; M. Duchesne, M. Boigues, M. Muret de Bort, enfin M. de Magnoncour, moins coupable toutefois qu'on ne l'avait supposé, en attribuant à sa générosité d'homme de parti une si forte part dans le subside du *Journal de Paris*.

On ne parle plus de MM. Jaubert et Duvergier de Hauranne, nous avons dit pourquoi. Le même motif fait négliger M. d'Haubersaert; il est presque sûr, dit-on, d'être réélu par son collége de Cambrai, et nous le croyons bien. Il lui apporte, comme trophées, quelques discours faibles, mais persévérans, en faveur d'une mauvaise loi, la loi des sucres, si populaire aujourd'hui dans le département du Nord. D'ailleurs, M. d'Haubersaert a pour seul concurrent possible un homme de l'extrême gauche, et la politique électorale du cabinet n'est pas une politique de pis-aller.

Il y a encore M. Janvier, qui nous a déjà beaucoup occupés; sa réélection nous semblait un grand problème, comme son élection à Montauban a toujours passé pour un grand mystère. Mais on nous rapporte que le gouvernement l'aidera à résoudre à son avantage le problème qui l'embarrasse. M. Janvier a fait sa soumission, il a renoncé à l'appui des doctrinaires, qui ne peuvent plus appuyer personne; plaise à Dieu que sa conversion soit sincère et durable! Il n'est pas, du reste, le seul qui ait renié son maître. On raconte qu'un député de beaucoup d'esprit et d'avenir, dont les preuves ont été faites jusqu'ici ailleurs qu'à la tribune, s'est vu forcé récemment, dans une réélection partielle pour cause d'avancement, de séparer hautement sa cause de celle de M. Guizot, avec lequel on le croyait lié par des engagemens personnels qui datent de loin.

Plusieurs autres doctrinaires sont dans la même position et auront le même courage; dès-lors le ministère les verra reparaître à la chambre sans déplaisir. On espère que M. Vitet sera de ce nombre. Il a, d'ailleurs, un titre qui le couvre et le protége; il a été, il est encore l'inséparable ami de M. Duchâtel, qu'il a suivi au département du commerce et plus tard aux finances. Peut-être faut-il ménager l'un pour achever de se concilier l'autre. Tout le monde, dans le cabinet du 15 avril, comprend sans doute de quel prix serait l'adhésion de M. Duchâtel; elle est bien près de lui être acquise. Le jeune ministre des finances, le premier et le plus habile promoteur de la réforme commerciale en France, hésite encore; mais c'est qu'il se sent digne de ne faire alliance qu'avec un pouvoir déjà fort et sûr de son existence. Il trouvera bientôt cette garantie dans le 15 avril, et, désormais assuré d'avoir devant lui un espace de quelques années pour l'exécution de ses plans si étendus et si réfléchis, il offrira lui-même son concours : or, il est de ces hommes qui donnent une nouvelle force à tout ce qu'ils embrassent. Les doctrinaires le savent, ils le sauront mieux dès qu'ils n'auront plus dans leurs rangs cet homme d'affaires éminent, le seul dont ils n'aient pas compromis la popularité.

Dans la nouvelle promotion de pairs qui se prépare, on compte plus de vingt députés, et quelques-uns entre autres dont les droits à la reconnaissance d'un cabinet doctrinaire seraient incontestables : il suffit de nommer

M. Pavée de Vandœuvre et le baron de Daunant. On ne se plaindra pas de leur changement de situation. La pairie est excellente pour absorber et amortir tous les députés qui veulent être conservateurs plus que de raison, conservateurs même de ce qui n'est plus. Là ils sont mieux placés, là ils ne sauraient nuire, et ils peuvent devenir utiles. Il serait heureux pour tout le monde que les doctrinaires les plus remuans de la chambre élective consentissent à aller prendre quelque repos au sein de cet Élysée paisible. Ils y seraient en face d'opinions semblables à la leur, mais qui s'expriment sans aigreur ou qui se taisent la plupart du temps. N'y rencontrant pas d'objections, ils se calmeraient et feraient les affaires du pays, au lieu de chercher à les brouiller. De rares et solennelles circonstances pourraient s'offrir; et la pairie, réveillée alors par leur ardeur, s'apercevrait de l'avantage qu'il y a pour elle à recevoir de temps à autre un sang plus jeune et plus actif dans ses artères où la circulation est si lente. Mais c'est en vain que nous prêcherions des gens qui ont résolu de ne pas reconnaître où est vraiment leur place. Les jeunes doctrinaires, dont le bonheur est de faire du bruit, ne se condamneront pas au silence; ils suivront le conseil que lord Chatam donnait à son fils, en le formant, dès l'enfance, à conquérir et à garder le pouvoir : « Ne vous laissez jamais nommer membre de la chambre des lords. »

Il ne suffit pas de recevoir et de suivre ce sage conseil; tous ne sont pas appelés à en profiter. Cependant il y a des députés de la gauche assez éloignés du pouvoir, selon toute vraisemblance, qui ont refusé le même honneur. M. Bignon, dit-on, l'a accepté; il juge, apparemment, qu'il est temps de songer à une honorable retraite. La pairie a bien été jusqu'ici une pépinière assez féconde en ministres des relations extérieures; mais pour des opinions comme celles de M. Bignon, il n'y a pas de succès possible, si elles ne gardent pour point de départ la tribune plus populaire de la chambre élective. C'est donc un opposant qui se résigne au repos, et presque au silence, dès-lors qu'il se soumet à cette faveur du gouvernement; sa nomination n'a pas d'autre sens pour l'un et pour l'autre; elle est de bon exemple vis-à-vis de quelques hautes célébrités de la gauche, si elles voulaient enfin se calmer et renoncer à un rôle politique désormais impossible, et qu'elles ont manqué.

En général, le ministère nous paraît avoir reconnu ses adversaires partout où ils sont en réalité, et avoir fait tout ce qu'il y avait à faire pour les affaiblir, en les combattant ou les désintéressant. A en juger d'après ses actes, il veut éclaircir les rangs des deux extrémités, et se renfermer dans les deux centres; quiconque exerce un empire sur l'une ou l'autre de ces fractions imposantes de la chambre, est sûr d'être ménagé et recherché par le ministère, et nous croyons bien que son penchant l'entraînerait plus vers le centre gauche, s'il osait déjà manifester ses prédilections naturelles et le sentiment qu'il doit avoir de sa vraie situation politique.

Malheureusement, on ne le jugera pas seulement d'après ses actes ou d'après ses pensées secrètes que chacun devine comme il peut; beaucoup de gens le jugeront témérairement d'après ses journaux, qui continuent de le compromettre. Ne voilà-t-il pas M. Thiers signalé, dans un de ces journaux, au pays, au roi et au ministère même, comme un ennemi public! Mais M. Thiers, apparemment, ne marche pas seul dans la chambre; il y a été long-temps un des deux chefs les plus puissants de la majorité, il avait rallié autour de lui, pendant sa présidence, une assez imposante réunion de volontés. On l'attaque aujourd'hui sans ménagement, on oublie qu'il est encore le chef avoué du centre gauche, où le ministère n'est pas dispensé de prendre une partie de sa majorité nouvelle; on ne craint pas d'offenser, dans la personne de M. Thiers, tous ceux qu'il a attachés à sa fortune politique. Pour mieux dire, on veut essayer s'il n'est pas possible d'éloigner de lui ses amis les plus désintéressés, mais aussi les plus timides, en leur faisant peur des projets absurdes qu'on lui prête; on va jusqu'à révéler au monde que le moment est venu d'opter entre M. Thiers et la royauté. Cette tentative, pour séparer tout ce qui doit être uni, n'est encore, il est vrai, que la tentative d'un journal aventureux et ami du paradoxe; mais n'a-t-elle pas été assez hardie et malveillante pour mériter que le cabinet du 15 avril la désavoue, en son nom, dans ses feuilles officielles?

Certes, nous n'aurions rien dit, si on s'était contenté de reprocher à M. Thiers ce qu'il a fait ou négligé de faire dans l'administration du 22 février. Il y a, dans le cabinet actuel, un homme mieux placé que nous pour justifier son ancien collègue et se justifier lui-même de n'avoir pas donné alors l'amnistie, d'avoir ajourné la revue du 28 juillet et laissé exécuter la sentence de la cour des pairs contre un furieux qui n'avait pas eu un mouvement de repentir. Nous savons que M. de Montalivet s'honore de tous les souvenirs du 22 février, et serait prêt au besoin à les expliquer tous, à les prendre tous sous sa responsabilité individuelle. Il a raison : le 22 février est le père du 15 avril. Tous ceux qui ont pris part à l'administration du 22 février, ou qui l'ont défendue de près ou de loin, dans la presse ou ailleurs, peuvent se glorifier de leur essai, quoiqu'il n'ait pas réussi alors. Ils ont voulu, ils ont pressenti ce qui n'était pas réalisable encore, ce qui devait l'être un an plus tard, grace à leurs efforts peut-être; je veux dire l'apaisement presque miraculeux des partis, la facilité de donner la vie à un assassin, en lui jetant de plus quelque argent pour l'aider à vivre; enfin l'amnistie générale et tout le système nouveau de gouvernement qu'elle doit enfanter. Ceux qui ont prévu tout cela, même avant que tout cela fût possible, et qui ont, dès l'abord, embrassé la défense du 22 février, pour ses intentions honorables, contre tous ses ennemis, ont eu le mérite de ne pas attendre que la cause fût gagnée pour s'y dévouer. Si la polémique eût continué plus long-temps contre M. Thiers, sur les principes et les actes du 22 février, M. de Montalivet ne pouvait manquer de prendre la parole dans la presse officielle, comme il la prendrait, avec sa loyauté ordinaire, à la chambre même, si ce qu'un journaliste a dit, un député s'avisait de le répéter à la tribune.

Mais, parce que la polémique a changé de direction, et qu'au lieu de s'en prendre au passé de M. Thiers, on lui attribue des pensées monstrueuses d'ambition pour l'avenir, faut-il que le ministère le laisse ainsi accuser, sans rien dire? Veut-il lui abandonner le soin de se défendre lui-même? C'est faire encore assez beau jeu à M. Thiers. Ses ennemis, — et ce ne sont pas les ministres du 15 avril, nous nous hâtons de le dire, — ont imaginé de le représenter comme l'homme le plus dangereux qu'il y ait à cette heure pour la France et pour la royauté, qui serait poussée par lui, s'il était encore une fois ministre, à un coup d'état ou à une abdication. Il ne lui serait pas difficile de rappeler quels périls il a courus autant que personne pour la royauté! Ce sont des antécédens qui l'engagent et par lesquels il se croit sincèrement engagé à la servir encore, avec la liberté de ses propres inspirations sans doute, mais avec un dévouement dont nul n'a donné plus de preuves. On l'appelle un *petit Necker*, auquel les partis prêteront assez d'éclat et de durée pour qu'il ait le temps de faire ployer le sceptre, c'est-à-dire de le briser. Il ne serait pas non plus malaisé à M. Thiers de prouver que la nature du pouvoir royal est, au contraire, de plier pour ne pas rompre, non pas, il est vrai, lorsqu'un seul homme politique lui donne ce conseil, mais lorsque les chambres et les électeurs le demandent avec force; ce qui n'est pas encore arrivé depuis 1830, nous en convenons volontiers. Quant au *petit Necker*, tout le monde rend justice à l'intelligence de M. Thiers, surtout à sa vivacité, à sa netteté parfaite : s'il prenait ce rôle qu'on rêve pour lui, et qui n'est réservé aujourd'hui à personne, il le remplirait dans des proportions plus grandes, il lui donnerait surtout une couleur différente; mais ce ne sera jamais le modèle proposé à son imitation. Necker, par ses formes empesées, par ses lourdes combinaisons, par sa volonté impérieuse dont rien n'adoucissait la disgracieuse et pédantesque manifestation, est bien plutôt le digne patron, comme il est l'aïeul de la petite famille doctrinaire.

M. Thiers se chargerait bien de répondre tout cela lui-même; mais s'il faut qu'il entreprenne sa propre défense et qu'on le croie délaissé par le ministère du 15 avril; si le ministère ne trouve pas un mot de désaveu contre tant d'accusations offensantes et injustes, ce peut être une cause de désunion dans le centre gauche. Le ministère même en souffrira, car la tâche de gouverner lui est imposée, et M. Thiers, qui de toute manière est assez loin du pouvoir maintenant, n'est pas intéressé au même degré à conserver l'harmonie entre toutes les fractions du centre gauche destinées à constituer la force du gouvernement. Dans ceci, l'intérêt du cabinet du 15 avril nous touche plus que toute chose, et c'est pour lui que nous parlons.

Tous les coups portés vers le centre gauche, n'importe à qui, encourageront les doctrinaires, même les légitimistes. Ceux-ci, dit-on, sans ordre, sans discipline régulière, s'enhardissent néanmoins assez pour porter M. de Peyronnet à la candidature d'un collége dont ils se croient assurés. S'il était nommé, si ce scandale avait lieu, il ne nous resterait qu'à changer de tactique; et comme M. de Villèle souhaitait, en 1827, soixante *libéraux* au Palais-Bourbon pour faire comprendre à son parti, victorieux et divisé, la néces-

sité de se serrer contre l'ennemi commun, nous dirions, à notre tour :
« Il nous faut soixante *carlistes* dans la chambre élective de la révolution
de juillet. »

Les légitimistes ont conservé en France, par leur fortune, de grands
moyens d'influence; on nous communique une note qui montre avec quelle
incurie le ministère des finances, depuis plusieurs années, a laissé s'accroître,
aux dépens du trésor de l'état et de la paix publique, les ressources dont le
parti de l'ancienne dynastie dispose sur notre sol. La branche aînée des Bour-
bons, lors de son expulsion, possédait en France dix à onze mille hectares de
forêts. Une loi de 1831 a ordonné que, dans l'espace de deux années, tous
les biens de la famille déchue seraient vendus. Cette loi a reçu son exécution
pour une partie de bois de la valeur de plus de deux millions, qui ont profité
à Charles X ou à ses héritiers, et servi surtout à payer les instrumens des
manœuvres carlistes dans le pays. En 1832, la direction de l'enregistrement
et des domaines vint s'opposer à la vente de six à sept mille hectares, frappés
d'engagement, conformément à la loi du 14 ventose an VII. C'était bien;
l'administration agissait dans l'intérêt public et selon son droit, en s'opposant à la vente du fonds. Mais il fallait encore arrêter les exploitations que
les agens de la branche aînée ont continuées, au préjudice de l'état, aussi
librement que si ces bois n'étaient pas engagés; il fallait du moins, si de
telles exploitations ne devaient pas nuire à l'aménagement forestier de ces
domaines, faire verser à la caisse des consignations le prix des coupes qui ont
eu lieu. Loin de là, on a permis aux princes exilés d'en disposer; cet argent
n'est peut-être pas sorti de notre territoire, mais s'il y est demeuré, c'est
pour l'agiter. Plus d'une candidature carliste trouvera ainsi le chemin frayé
devant elle dans les élections prochaines : comme on le sait, les voix qui
vont aux légitimistes n'ont pas toujours été trop très pures.

Le ministère a été bien avisé, au reste, de ne pas se soucier des succès ou
des défaites des carlistes d'Espagne, pour décider les élections en France.
Don Carlos s'approche quelquefois à deux lieues de Madrid, puis il s'en
éloigne à vingt lieues, après la plus légère escarmouche. En ce moment,
c'est à peu près la distance où il est de sa prétendue capitale. On ne saurait trop féliciter M. Molé d'avoir voulu la dissolution de la chambre avec
énergie et persévérance par des motifs purement français, sans admettre
que cette grande décision de notre politique intérieure pût dépendre des
événemens si mobiles qui se succèdent en Espagne.

Il y a eu, à la fin de cette semaine, quelques nuages du côté de l'Afrique,
mais rien de sérieux au point d'empêcher, ni de retarder même, nous l'espérons, une résolution aussi bien prise, une affaire aussi avancée que la con-
vocation des colléges. De ce côté encore, l'activité de M. le président du
conseil a dû pourvoir subitement à beaucoup de choses, en l'absence du
ministre de la guerre et du directeur du personnel, le général Cubières.
Tous deux étaient allés au camp de Compiègne, dont les manœuvres ont
continué sous les yeux du roi.

A propos du camp de Compiègne, nous n'avons aucunes nouvelles des concours ouverts par le prince royal, et qui sont fermés depuis dix jours. Les juges sont assemblés, sous la présidence du général Baudrand. Il nous tarde d'apprendre à nos lecteurs le nom de l'économiste militaire auquel doit être décerné un sabre d'honneur pour avoir le mieux traité la question des caisses d'épargne.

—Un voyageur français qui parcourt la Bavière, nous écrit de Muniche : « Le roi de Bavière se bâtit une capitale ; il fait tracer de belles rues, il bâtit des hôtels, des palais, des églises, des marchés ; il ne lui manque plus qu'un peuple pour habiter cette capitale, à moins que le roi n'ait eu l'intention de bâtir un Herculanum neuf. Le Musée sera une fort belle collection de tableaux, lorsqu'il y aura des tableaux ; jusqu'à présent, il n'y en a qu'un : c'est beaucoup. Le roi compte sur une de ses provinces, qu'on nomme la Grèce, pour se faire une belle galerie de statues. Il a envoyé deux artistes bavarois au Péloponèse, pour ramasser les reliques oubliées par lord Elgin, et glaner, après lui, dans la moisson des ruines. L'ordre de sa majesté voulait que les deux artistes fouillassent spécialement la campagne où fut Sparte. Ces messieurs se sont rendus à Sparte ; ils ont trouvé une belle plaine couverte d'oliviers et un fleuve de lauriers roses sur l'emplacement de Lacédémone. Ils ont demandé le nom de ce fleuve qui devait être l'Eurotas ; on leur a répondu que c'était le *Vasili-Potamos* : les naturels du pays n'ont jamais entendu parler de Sparte. Ombre de Léonidas, qu'en dis-tu ? Les deux artistes ont envoyé au Musée de Munich une branche de laurier royal, un cigne de l'Eurotas empaillé, une pierre calcaire du *Paleochorium*, et un autographe de Canaris ; c'était là tout ce qui restait de Sparte. Le Musée attend encore et compte sur Athènes pour s'enrichir. Athènes n'a conservé que son nom ; lord Elgin et les Turcs lui ont tout enlevé. Athènes n'est plus sur le Pirée ; elle est à Londres, dans la maison de lord Elgin, qui s'est approprié la ville de Minerve, sans être plus sage pour cela ; on admire, à *Pall Mall*, tous les bas-reliefs de Phidias, lesquels avaient été terriblement écaillés par le canon d'Ibrahim, avant de tomber aux mains du noble lord spoliateur. Les plâtres de ces belles sculptures ont été moulés, et notre Musée des Petits-Augustins doit s'en enrichir. Nous pourrons en tirer un second exemplaire pour l'offrir à la galerie de Munich. La Bavière offre, en ce moment, deux particularités remarquables, une capitale sans peuple et un Musée sans tableaux. »

THÉATRES. — L'unanime succès que *la Muette* vient d'obtenir pour la seconde fois sur la scène de l'Opéra, n'a rien qui nous étonne. On pouvait s'y attendre d'avance. En effet, s'il est au monde une musique faite pour vivre toujours en France, une musique qui ne s'oublie jamais et revient à toute occasion comme un refrain, certes c'est bien celle de M. Auber. Comment ne pas aimer cette inspiration si vive et si charmante, ce luxe heureux de mélodies, cette instrumentation si facile, tous ces motifs, enfin, si limpides et si clairs, qu'ils ont fini par filtrer dans les cerveaux les plus grossiers. Aussi, si depuis long-temps *la Muette* n'attirait plus personne à l'Opéra; si cet appareil, tant fêté jadis, de révolte et de triomphe, avait lieu désormais dans une salle vide, si tout cela se passait devant des banquettes garnies, çà et là, de quelques rares curieux, qui pouvaient se compter en prenant le frais, ce n'était pas à la musique qu'il fallait s'en prendre de cet abandon où cette gloire était déchue, mais au temps qui ne respecte rien, et qui, de toute cette mise en scène si variée et si coquette, avait fait ce qu'il fait des choses les plus grandes et les plus belles, des oripeaux et des haillons. Et puis, quelle exécution, mon Dieu, en quelles mains, ou plutôt en quelles voix étaient tombés ces rôles! C'était M. Lafont qui jouait Masaniello et se débattait dans le vide avec une voix de stentor, qu'il a perdue depuis, à ce qu'on assure; nous l'en félicitons bien sincèrement, si c'est pour en retrouver une autre; c'était aussi Mlle Nau qui chantait en tremblottant la partie d'Elvire, qui, dès-lors, pouvait passer pour supprimée, comme toutes les parties que chante Mlle Nau. Quant à Mlle Legallois, qui ne chantait rien et ne dansait guère plus, hélas! il n'en faut pas parler. Il n'y avait pas jusqu'à l'orchestre, cet orchestre si soigneux et si intelligent de l'Opéra, qui n'eût renoncé à *la Muette*. Cette musique revenait si souvent et presque toujours accompagnée de circonstances si fâcheuses, que c'était à vous en donner le dégoût. Dans ces derniers temps, le chef-d'œuvre de M. Auber ne servait plus guère qu'à parer aux relâches imposés par les indispositions des cantatrices ou la mauvaise humeur des danseuses. Si le pied tournait à Mlle Taglioni, *la Muette;* si Mlle Falcon s'enrhumait, *la Muette;* toujours *la Muette*. Impossible de l'éviter; elle vous arrêtait à la porte sous la forme d'une bande collée à l'improviste sur l'affiche, qui, le matin, portait *les Huguenots* ou *la Sylphide*. Ces soirs-là, le silence et la solitude régnaient aux environs de l'Opéra, et les habitans de la rue Lepelletier s'endormaient tranquilles.

Cependant il y avait encore des richesses enfouies sous cette partition. Cette musique n'a rien perdu de sa fraîcheur, de son air de jeunesse, de ses premiers attraits. A ces cavatines si coquettes, à ces chœurs si merveilleux, à ces barcaroles si bien trouvées, il ne fallait, pour revivre au milieu de l'enthousiasme des anciens jours, il ne leur fallait qu'un rayon de soleil plus doré, des arbres moins poudreux, du satin et du velours lamé d'or et d'argent, quelque chose enfin de tout cet appareil qui la rehaussait autrefois, et dont elle est restée digne, malgré le temps. M. Duponchel a compris l'affaire de la sorte, et, pour notre part, nous l'en félicitons vivement, d'autant plus qu'à tous ces élémens de succès il en a joint deux autres inappréciables, Fanny Elssler et Duprez. C'est là une idée heureuse, ou plutôt de l'habileté; autrefois on n'eût pas manqué de dire du bonheur, mais aujourd'hui que M. Véron s'est retiré, et que son *étoile* dont on a tant parlé l'a suivi dans ses nouvelles entreprises, c'est tout simplement au plus ou moins d'habileté du directeur qu'il faut attribuer les évènemens heureux ou funestes qui surviennent à l'Opéra. Le succès va au succès ; quand une œuvre s'est arrêtée dans sa première course, après deux cents représentations glorieuses, c'est une raison pour qu'elle en ait deux cents autres plus tard ; si l'on sait choisir le moment. Voilà *la Muette* qui, depuis tantôt trois ans, traînait sur les planches avec ignominie, exposée à toutes les injures du temps et de la critique ; un beau jour elle sort de ce misérable linceul qui lui était resté pour vêtement, et vous apparaît dans toute la fleur de sa jeunesse et de sa grace. On s'empresse, on accourt, chacun la retrouve avec joie ; les plus maussades s'efforcent de lui faire bonne mine. Savez-vous qu'il n'y a guère que les chefs-d'œuvre qui résistent à de pareilles épreuves et se relèvent après dix ans dans leur jeunesse et leur fierté ? La soirée de lundi était décisive pour la musique de *la Muette ;* elle en est sortie vaillamment, et on peut le dire, à la gloire de M. Auber, qui se trouve avoir écrit là tout simplement un chef-d'œuvre. Il n'est plus permis désormais de divertir le public avec de belles paroles, sur cette *petite musique* qui peut manquer d'idées philosophiques, mais où en revanche la mélodie abonde ; ce qui vaut mieux. Certes, le *Freyschütz* semble avoir épuisé la somme de succès réservé aux chefs-d'œuvre les plus fortunés. Eh bien ! qu'il prenne un jour fantaisie à l'Opéra de remettre à la scène la partition sublime de Weber ; que Duprez se charge de la partie de Max, qu'une cantatrice de la trempe de la Sontag ou de la Devrient crée en France le rôle d'Agathe, et vous verrez où s'arrêtera cette veine. Le succès se meut dans l'infini.

Duprez a tenté dans le rôle de Masaniello des effets auxquels Nourrit ne nous avait point accoutumés ; il le joue en vrai lazzarone, qui se dandine sur ses jambes, branle la tête, cligne de l'œil et se gratte l'oreille à tout propos. Cette manière, assez commune d'ailleurs, paraît avoir séduit beaucoup certaines gens qui se passionnent pour le vrai, et se pâment d'aise d'avance, toutes les fois qu'il s'agit de Duprez. Pour nous qui aimons mieux voir la vérité dans son puits que sur la scène de l'Opéra, nous avouons franchement que cela ne nous plaît guère. En général, depuis quelque temps, Duprez, sans doute pour rompre en visière avec l'école de Nourrit, affecte un singulier penchant vers une réalité triviale, et dont on se passerait à merveille. Ainsi, dans *la Juive*, à certains momens, sa tenue et son air ont quelque chose de misérable et de sordide qui vous répugne. Quoi qu'on dise, la musique ne s'accommodera jamais de ces sublimes théories inventées par le drame moderne. Que voulez-vous que la vérité vienne faire à l'Opéra, sur un théâtre où l'on soupire en récitatif, où l'on meurt en arrondissant les bras avec grace, où les bergères ont encore des houlettes, Dieu merci, et les amoureux des talismans, où jusqu'au public, tout est convention et recherche ? Nourrit se préoccupait sans doute un peu trop de l'idéal, mais après tout, le mal n'était pas grand, car si l'on excepte Masaniello et le juif Éléazar, les caractères de cet emploi se meuvent presque tous dans une sphère élevée. Don Juan, Arnold et Robert ne touchent guère plus au monde réel qu'Alceste, Faust ou Macbeth.

La partie de Masaniello, écrite dans les cordes vibrantes de la voix de Nourrit, se maintient presque constamment en des régions que Duprez n'aborde pas volontiers. Aussi l'on a peine à voir se dépenser en des artifices laborieux, et dont on ne peut lui tenir compte, ce magnifique talent si admirable lorsqu'il se développe librement dans la mesure de ses forces. C'est qu'en vérité les difficultés se renouvellent à tout instant pour lui en ce rôle dont tous les effets sont placés dans des notes de faucet au-dessus de sa portée, ou bien dans des émissions impétueuses et puissantes auxquelles on ne peut se préparer, et qui, dès-lors, ne sauraient convenir à sa voix, qui tire sa puissance de la modération des mouvemens. Le morceau où Duprez réussit le mieux est, sans contredit, la célèbre barcarole d'entrée. Il chante ces couplets avec un esprit, une finesse, un tact, une fantaisie, qui rendent à cette musique rebattue toute sa jeunesse et sa fraîcheur. Il faut dire aussi qu'il en agit délibérément avec elle; il transpose le ton, il pointe les notes du refrain, il bouleverse la mesure avec un caprice charmant; n'importe, sa verve donne une chaude couleur de vie à ce motif épuisé de succès; on dirait un rayon de soleil qui touche une fleur flétrie à force d'avoir été respirée; cela vous pique et vous intéresse, et vous applaudissez, tout heureux de retrouver des sensations que vous croyiez perdues. Je l'aime moins dans le duo qui suit; il attaque la première phrase avec puissance et grandeur, mais plus tard, quand vient le tour du faucet, sa voix lui fait défaut, et, dès-lors, on n'entend plus que M. Massol, qui profite de cette occasion pour crier à tue-tête. Je ne parle pas de la scène du marché, où sa voix se dérobe encore, complétement étouffée par les masses qu'elle devrait dominer et conduire. C'est surtout dans cette partie toute dramatique de *la Muette* que Duprez devait s'attacher le moins à lutter avec les souvenirs de Nourrit, si fougueux, si transporté, si admirablement maître de la scène et des chœurs. Il faut dire aussi que Duprez prend bien sa revanche dans l'air qui ouvre le quatrième acte; il chante cet *agitato* avec une chaleur, une énergie, un entraînement irrésistible. Par malheur, cette musique véhémente, écrite encore trop haut pour lui, épuise en un instant toutes ses forces, et plus tard, quand vient la cavatine du *Sommeil*, sa voix le trahit, et les efforts de sa poitrine se laissent sentir. Mais où Duprez est admirable, où ce grand talent se relève dans toute sa fierté, c'est dans le court morceau d'ensemble qui suit, lorsque Pietro et ses compagnons veulent exiger de Mazaniello des proscriptions nouvelles. Il y a dans ce morceau une de ces phrases simples et belles qui semblent s'exhaler du cœur; Duprez la chante tout entière de pleine voix de poitrine, et cette manière donne à la mélodie une expression suppliante et mélancolique qu'on ne soupçonnait pas en elle. Voilà de ces mouvemens spontanés par lesquels les grands chanteurs se montrent, de ces efforts imprévus comme Duprez seul en sait trouver, et qui l'empêcheront toujours d'échouer, si ingrat que puisse être le rôle qu'on lui donne.

Quant à Mlle Elssler, elle est admirable dans *la Muette*. Son geste vaut la voix de Duprez dans ses plus beaux momens. A force d'intelligence, d'expression et de vrai talent, elle a fait du rôle si monotone de Fenella une création qui vous charme et vous intéresse entre toutes. Le regard et le geste se combinent chez elle si harmonieusement, qu'il semble que la voix serait de trop pour rendre sa pensée. Quelle douce teinte de mélancolie elle répand sur tout ce caractère! Mlle Elssler ne se contente pas d'exprimer avec son art merveilleux les plus délicates intentions de la musique, elle trouve des effets dont l'honneur lui revient tout entier. Ainsi, chaque fois que Pietro s'approche de Masaniello, le visage de Fenella se couvre d'une tristesse inquiète; on voit que la belle jeune fille redoute d'avance pour son frère la compagnie de cet homme méchant. Il y a, dans cette expression, quelque chose de la Marguerite de Goëthe, lorsqu'elle voit Faust aller si souvent avec Méphistophélès. Rien n'est curieux comme les étonnemens de certains critiques à propos de ce nouveau triomphe de Mlle Elssler : ils appellent cela une révélation. Depuis trois ans que Mlle Elssler est à l'Opéra, ils n'avaient pas découvert en elle la moindre trace de ce magnifique talent d'expression dramatique dont elle n'a cessé de donner des preuves chaque jour. En vérité, voilà qui est de la clairvoyance, on peut le dire. Nous voudrions bien ne point parler du pas au moins extravagant que les deux sœurs Noblet dansent au premier acte. Cette danse effrénée, que rien n'excuse, ni la souplesse du corps, ni la grace du geste, ni la volupté du regard, a quelque chose de désespéré qui vous afflige. On a peine à voir des talens que le public affectionne et que le temps consacre, s'oublier de la sorte. Rien ne convient moins à la raideur puritaine de Mlle Noblet que ces allures agaçantes et folles pour lesquelles il faudrait l'agilité d'une couleuvre; quant à Mme Dupont, tel est le délire où elle s'abandonne, qu'elle en perd la mesure, accident doublement fâcheux, si l'on pense qu'elle tient entre les mains des castagnettes qui dès-lors s'entrechoquent à contre-temps avec un cliquetis insupportable. Du reste, ce pas est placé tout au commencement du premier acte à l'heure où les spectateurs convenables dînent encore, et dans quelques jours, lorsque le premier enthousiasme se sera refroidi, les sœurs Noblet le danseront tout simplement devant le parterre, ce qui ne veut pas dire qu'il en ait moins d'applaudissemens, attendu que tous ceux qu'il recueille lui viennent de là.

— La Comédie-Française semble fatiguée de l'activité qu'elle a déployée pendant une ou deux semaines. A l'heure qu'il est, on reprend les premières pièces venues, bonnes ou mauvaises, qu'importe? ne faut-il pas bien que tout le monde vive? — Il y a quinze jours, au moins, que l'on a rien donné du beau répertoire. Corneille s'est effacé devant M. Casimir Delavigne, Racine devant M. Hugo, Molière devant M. Rosier. Tristes éclipses! La Comédie-Française a reçu avec acclamation le *Caligula* de M. Alex. Dumas. Cette pièce, au dire de ceux qui en ont entendu la lecture, montrera l'histoire de l'empire romain sous son point de vue domestique. Cette innovation, si elle est réalisée en effet dans *Caligula*, sera pour le drame un véritable progrès. La société antique n'a été interprétée sur la scène, jusqu'à ce jour, que par le côté idéal. *Cinna*, *Britannicus*, et toutes les tragédies faites dans ce système ne nous ont rien appris sur les coutumes privées de la Rome impériale, qui cependant ne prêteraient pas moins au drame que les luttes de la place publique ou du forum. Suétone vaut bien Tacite. Espérons que M. Alexandre Dumas aura compris l'importance de l'œuvre qu'il a tentée.— La Comédie-Française a reçu aussi un drame de M. Adolphe Dumas, intitulé *le Camp des Croisés*, et tiré de la *Jérusalem* du Tasse. Plaise à Dieu qu'il n'arrive pas du *Camp des Croisés* comme de *la Fin de la Comédie*, du même auteur, reçue, il y a un an, aussi avec acclamation, et repoussée quelques jours après comme injouable. — *La Popularité* de M. Casimir Delavigne est ajournée.

— On assure que le Gymnase a joué hier une pièce nouvelle dont on ignore généralement le titre et l'auteur.

— Les Variétés promettent une série de vaudevilles. Les Variétés devraient bien commencer le plus tôt possible à tenir cette promesse, car la destinée de *Résignée* ne saurait briller long-temps.

— Le *Tourlourou* fait toujours fureur au Vaudeville, grace au débutant, M. Ravel, et à Mlle Mayer, dont le jeu plein de finesse est de jour en jour plus applaudi.

—*Une Vie de Jeune Fille* (1), de Mme Joséphine Junot d'Abrantès, se distingue, de la foule des romans publiés chaque jour, par une grande simplicité de détails. Les développemens de l'action sont naturels et vrais. Le style manque parfois de fermeté, mais du moins il n'est pas surchargé d'ornemens de mauvais goût. Le récit offre une lecture intéressante, et, à tout prendre, c'est un heureux début.

(1) Chez Francis Bouasse et Ce, éditeurs, rue Neuve-Madame, 4 (bis).

F. BONNAIRE.

www.ingramcontent.com/pod-product-compliance
Ingram Content Group UK Ltd.
Pitfield, Milton Keynes, MK11 3LW, UK
UKHW021719090726
13657UKWH00005B/2344